Lk 7 1553

ÉTUDE

SUR LES FINANCES

DE LA COMMUNE

DE CAHORS

AUX 16ᵉ ET 17ᵉ SIÈCLES

Par M. ÉMILE DUFOUR, Avocat

BATONNIER DE L'ORDRE

CORRESPONDANT DU MINISTRE DE L'INSTRUCTION PUBLIQUE POUR LES TRAVAUX HISTORIQUES

CAHORS

IMPRIMERIE DE **A. LAYTOU**, Succʳ de Mᵐᵉ Vᵉ **RICHARD**

1859

TROIS BUDGETS

DE LA VILLE DE CAHORS

AUX 16e ET 17e SIÈCLES

Parmi les documents qui jettent, encore, quelque lumière sur la vie intime de nos vieilles Communes, les comptes financiers de leurs administrateurs occupent, à notre avis, la première place. Eux seuls, peuvent nous apprendre les habitudes, les usages, les pratiques, les actes intérieurs de la Cité, en nous initiant à une foule de détails que l'observateur superficiel trouvera, tout d'abord peut-être, sans importance, mais qui, mieux étudiés, l'intéresseront et le captiveront lui-même; parce que, bien mieux que les évènements les plus considérables, ils lui révèleront le véritable caractère, la physionomie exacte des époques et des lieux, auxquels ils appartiennent.

Il est des villes [1] qui ont conservé intacts et complets tous ces éléments de leur passé, et qui pourraient, ainsi, le recomposer, pièce à pièce, dans toutes ses évolutions successives. Sur les larges feuilles des immenses registres de leurs archives, on peut lire, encore, brièvement mais nettement, consigné, année par année, jour par jour, ce qu'elles ont dû dépenser, or et sang, pour traverser les terribles épreuves des siècles écoulés et se défendre contre les attaques, les oppressions, les envahissements de ceux qui, tour à tour, les menaçaient, aujourd'hui dans leur nationalité, demain dans leur indépendance, le plus souvent dans leurs priviléges, toujours dans leur fortune.

La commune de Cahors a eu l'heureuse chance de sauver plusieurs chartes [2] précieuses à tous égards, ne serait-ce que pour nous montrer combien grande et forte elle fut, en de meilleurs jours; mais elle ne possède presque aucun des actes relatifs à ses affaires personnelles et domestiques, pourrais-je dire. Hormis les rares et courtes indications, jetées, comme par hasard, dans les livres consulaires, tout ce qui se

---

[1] La ville de Martel, par exemple, dont les archives, surtout pour le 14e siècle, présentent le plus vif intérêt. Mais si on voulait les utiliser sérieusement, il faudrait y consacrer toute une longue vie, tant les documents sont nombreux et considérables.

[2] Elles sont au nombre de quatre cents environ, et viennent d'être cataloguées par le conservateur de la bibliothèque de la ville, où, conformément à une délibération du conseil municipal, elles demeureront, à l'avenir, déposées.

rapportait à la gestion de ses biens, à ses revenus et à ses dépenses, a presque complètement disparu. — Des cinq cents comptes, au moins, que durent rendre ceux qui, pendant plus de cinq siècles, eurent la manutention de ses finances, il n'en reste, aujourd'hui, que trois, échappés, l'on ne sait par quelle aventure, à cette destruction générale.

Quelqu'insuffisants que paraissent ces documents, pour nous fixer d'une manière certaine sur cette longue administration, ils en éclairent, cependant, d'une manière assez sûre, les points principaux, pour que leur étude ne soit pas sans quelque utilité et même quelque attrait.

Le plus ancien remonte à 1579 ; il comprend une partie de cette désastreuse année 1580, pendant laquelle la ville fut surprise par le roi de Navarre. [1] Des faits historiques

---

(1) Nous avons dit ailleurs (*Étude sur la commune de Cahors, au moyen âge*, p. 154), que de la guerre des Anglais datait la dépopulation, la décadence, la ruine de notre cité, ruine consommée, deux siècles plus tard, par le *bon roi* Henri 4e du nom. Plus que jamais c'est notre opinion, pour cette dernière cause, surtout. Tous les documents de l'époque, y compris les lettres du vainqueur, écrites sur les cendres fumantes encore de la ville qu'il venait de mettre, à feu et à sang (31 mai 1580, à Mme de Batz; — 1er et 6 juin, à M. de Scorbiac;— 9 juin, à M. de Vivans), prouvent quels excès, quels désordres, quelles destructions accompagnèrent et suivirent un succès qui, s'il faut en croire l'inscription que, dès 1581, un an après, l'on plaça sur la porte principale du Pont-Neuf, ne fut, pourtant, dû qu'à la trahison. De peur que, comme tant d'autres monuments de notre histoire, la pierre qui rappelle cette accusation ne vienne à se perdre, si ce n'est déjà fait, nous reproduisons textuellement les deux lignes qu'après leur délivrance, y avaient gravées nos pères :

CAPTA ET EXPILATA CIVITATE AB EXCURSORIBUS
EXTERIS ET VICINIS, NEFARIO SCELERE PRODITORUM,
HOC EIS, IN POSTERUM, PROPUGNACULUM
OBJECTUM FUIT. AN 1581

très curieux s'y trouveraient inévitablement consignés, s'il était complet. Il ne l'est pas : du folio 12ᵉ au folio 36ᵉ les pages manquent. (1)

Le second est de l'année 1622, durant laquelle eut lieu le siége des villes hérétiques du Quercy, auquel nos pères durent, largement, coopérer, en hommes, en argent, en munitions. (2)

Le dernier est à la date de 1687. (3)

En les coordonnant, en les complétant l'un par l'autre, on peut se faire une idée assez exacte de ce qui se pratiquait dans le gouvernement de la Cité, à ces époques reculées.

Alors, comme dès l'origine, la Commune était administrée par des Consuls : *cossols*; mais de leur ancienne puissance, ils n'avaient guère retenu que la charge de recueillir les Tailles; fonction triste et périlleuse, la seule dont le Peuple semble avoir conservé le souvenir, le *cossol* ne désignant plus, dans sa langue, que le collecteur des impôts. Ils avaient beau s'appeler, encore et jusqu'à la fin, *les Consuls de la ville et cité de Cahors, capitale de l'entière province du Quercy, seigneurs de Lacapelle, Bégoux, Cavaniès, St-Cirice et autres lieux, juges ès-causes civiles et criminelles;* ce n'était là que de vains titres, déniés, contestés, réduits, annihilés, successivement et de jour en jour.

---

(1) N° 287. Arch. mun.
(2) N° 305. Arch. mun.
(3) N° 319. Arch. mun.

Au début et pendant un temps immémorial, ils étaient douze : six du bas quartier, six du haut. [1]

En 1579, lors du premier compte, ils n'étaient plus que huit : MM. maîtres Antoine de Reganhac, Guilhaume de Bismes, Johan de Cavalier, *licenciés;* Pierre Forcan, *bourgeois;* Loys de Boysson, *trésorier du domaine du roy en Quercy et boursier de la ville;* Balthazard Muratel, *marchand;* Johan Debugis, *chirurgien,* et Pierre Peyre, *costurier.*

En 1622, leur nombre est le même : Jean de Farjanel, Jean de Cazelles, Pierre de Fajanot, *docteurs et avocats;* Guillaume Lézéret, *receveur et payeur des gages de MM. de la Cour présidiale;* Jean Jordanet, *bourgeois;* Jean Granes, *marchand;* Caussade, *marchand*, et Benoît Fraches, *maître chirurgien.*

En 1687, ils sont réduits à quatre : Estienne de Tyssendier, *avocat en parlement;* noble François Deslax, *seigneur du Bousquet, Pern et autres places;* Jacques Courtois et François Albiguié, *docteurs et avocats.*

---

(1) Je ne sais où Malleville avait trouvé qu'il y avait, primitivement, seize consuls à Cahors. Si ce n'est pas une faute, échappée à celui qui, à Grenoble, a recopié ce précieux manuscrit, si longtemps perdu pour notre province, ce serait une erreur, manifeste, qu'aurait commise notre spirituel chroniqueur. Les plus anciens titres de la Commune prouvent que, *de temps immémorial,* elle avait été gouvernée par douze magistrats municipaux seulement.

En les cent années qui s'écoulent entre le premier et le dernier de ces actes, une révolution complète s'est accomplie dans le consulat. L'élément populaire, successivement diminué et réduit, a définitivement disparu. Des quatre membres qui composent la nouvelle administration, aucun ne le représente. Il n'y a plus d'ouvriers, de marchands, de chirurgiens, ni de tailleurs; pas même de simples bourgeois; rien que des nobles de race, ou des personnes que la profession et la richesse, sans doute, rendent leurs égales. (1)

Les mêmes modifications ont eu lieu dans le conseil qui assiste et qui surveille les agents principaux de la Cité.

Autrefois, la Communauté tout entière, réunie au son du beffroi ou des trompes municipales, dans le cimetière ou l'église les plus vastes (2) délibérait sur les questions d'intérêt général, spécialement sur celles qui concernaient la gestion de ses finances, qu'elle seule avait le droit d'approuver définitivement.

---

(1) Le même résultat se produit partout ; dans la commune très-populaire de Montauban, on ne trouve plus de consul *forestain* ou paysan, à partir de l'année 1663. Le dernier fut Ant. Andrieu, dit Pauri. (Marcellin et Ruch. Hre de M. 2. Notes. 398.)

(2) Les anciennes assemblées du populaire — *les populares* — avaient lieu dans le cimetière des *pauvres*, situé devant l'église St-Jacques, qui, après avoir été supprimée comme paroisse et unie à St-Urcisse, servait de chapelle à la congrégation des artisans et a été complètement démolie, en 1857, pour continuer jusqu'au nouveau quai la rue qui, appelée d'abord St-Jacques, portait, depuis l'éphémère domination des anglais, au 14e siècle, le nom de St-Jammes, comme la place qu'elle traverse.

Depuis longtemps, il n'en était plus ainsi: Un conseil général composé de trente-deux membres, avait remplacé ces assemblées tumultueuses, trop faciles à émouvoir et à entraîner vers des résolutions violentes et séditieuses.

Toutefois, dans ce corps ainsi restreint, toutes les classes, toutes les professions étaient équitablement représentées. Au 16e siècle, cette institution n'avait encore été que médiocrement altérée. Par ces temps de crises, de luttes et de guerres civiles, il fallait ménager tous les partis, y compris celui de la démocratie, parce que, en définitive, tous pouvaient avoir, dans un avenir, plus ou moins prochain, la chance de vaincre et de triompher.

A la fin du 17e siècle, ces préoccupations avaient complètement disparu et, comme le Consulat, le grand Conseil de la Commune n'était plus ouvert à tous les citoyens.

Les comptes de 1687 le prouvent, d'une manière certaine

Voici devant qui ils sont rendus :

M. DE POUZARGUES, juge mage ;
MM. DOLIVE ET LAROCHE, députés du Chapitre ;
MM. VIGNALS et BELVÈZE, députés du Présidial ;
MM. DOLIVE et DUPUY, députés de l'Université ;
MM. LABOYSSIÈRE et LÉZÉRET, députés de l'Élection ;
M. DUFAY, procureur du roi ;
M. DUFOUR, avocat ;
M. FORNIER, avocat ;

M. Robert, avocat ;

M. Baudus, avocat ;

M. Vidal, avocat ;

M. Panouse, avocat ;

M. Ricard, avocat ;

M. Roufeau, avocat ;

M. Pons, agrégé ;

M. Michelon, marchand ;

M. Cammas, bachelier en médecine ;

M. Leblanc, syndic de la ville, syndic pour l'impugnation ;

MM. Vidal, avocat ; Peyrous, avocat ; Raygasse, substitut de MM. les gens du roi, et Moulin, bourgeois, calculateurs.

Cette liste, incomplète, puisqu'au lieu de trente-deux auditeurs des comptes, nombre indiqué dans l'acte lui-même, il ne s'en trouve que vingt-cinq, le syndic n'assistant pas à ce titre, justifie, en tous points, notre assertion. Il n'y a là que de hauts dignitaires et des gradués. (1) A peine un marchand, mais un seul, a-t-il pu s'y glisser.

---

(1) Aucun de ces notables n'était noble ; mais, tous, voulurent bientôt l'être ou en avoir l'air, et ils se firent concéder (édit de 1701) des armoiries, que chacun de nous peut admirer dans la précieuse collection des manuscrits de la Bibliothèque impériale. Je dis admirer, car, tandis que celles des anciennes familles sont, d'ordinaire, très-simples, celles qu'on a composées pour ces nouveaux-venus sont d'une richesse, d'une somptuosité, d'une magnificence, rappelant singulièrement le bourgeois-gentilhomme, mais qui durent les ravir. Je n'en citerai qu'une, celle des Belvèze — une famille éteinte. — M. Dhozier lui donna pour armes : *d'or, à un arbre arraché de sinople, soutenu d'un croissant de gueules et un chef d'azur chargé d'un soleil d'or, acosté de deux étoiles de même* . . . . .
Certes, ce devait être superbe et bien beau à voir *Bel vèze*.
Ainsi de tous les autres . . . . . ., moyennant 20 livres par tête.

Ces quelques mots suffisent, pour indiquer qui rendait ces comptes et qui les jugeait ; il faut, maintenant, examiner ces documents, même, en leurs divers éléments.

Ils sont, comme toute sorte de budgets, divisés en deux chapitres, celui des recettes et celui des dépenses. Ces chapitres sont subdivisés, à leur tour, en recettes ordinaires et extraordinaires, en dépenses ordinaires et extraordinaires.

Les recettes normales, dont nous nous occuperons, à la fois, pour les trois comptes, se composaient du produit des différents impôts, perçus au profit de la ville.

Au premier rang de ceux-ci, figuraient les droits de *Barre*, levés aux quatre portes, donnant sur les faubourgs ; c'est-à-dire au Pont-Vieux, pour le midi ; à Labarre, pour le nord ; au Pont-Neuf, pour le levant ; au Pont-Valentré, pour le couchant ; — places qu'occupent, actuellement, les bureaux principaux de l'octroi.

En 1579, la Barre du Pont-Vieux est affermée à Jean Couture, moyennant 302 liv., et le Pontonage, à J. Borie, pour 30 livres.

En 1622, les enchères élèvent le prix du bail, y compris le Pontonage, à 500 liv., adjugés à Rémy Poujade.

En 1687, Jérôme Olivier en demeure fermier, moyennant 340 liv.

En 1579, celle de Labarre est adjugée à Jonc, pour 231 liv.

En 1622, à Jean Joucla, moyennant 305 liv.

En 1687, à Jean Tinel, moyennant 264 liv.

En 1579, le Pontonage de Valentré, d'abord arrenté pour un écu par mois, puis délaissé, puis adjugé, de nouveau, ne produit que 46 livres.

En 1622, il donne, y compris le droit de Barre, récemment imposé, 115 liv., sur la tête de Dissès, cordonnier, et, en 1687, 143 liv., sur celle de Jean Dablanc, savetier.

Le Pont-Neuf, qui n'a d'abord qu'un droit de Pontonage, ne produit rien, ni en 1579, ni en 1622; en 1687, la Barre qui y a été établie, est délivrée à Bertrand Dumas, moyennant 20 livres. Les arrivages de ce côté étaient nuls, ou insignifiants.

Immédiatement après ces premiers articles de recette, viennent les émoluments de la *Bladerie* qui, dans les trois années qui font l'objet de cette étude, produisent, la première, 160 liv. (Coualhac, fermier); la seconde, 315 liv., (Jean Maratuech, fermier); la dernière, 252 livres, seulement (Tardieu, fermier); puis, ceux *du Poids gros* et *marque de la laine*, adjugés d'abord à 108 liv. (Cadrès), ensuite à 265 (Albiguié, mangonnier), enfin à 146 liv. (Balmary); ceux de la place de la *Poissonnerie, où se trempe la morue*, ne sont arrentés, en 1579, que 59 liv.; en 1622, ces taxes forment deux articles, l'un, désigné sous le nom de *Trempis de la morue*, produit 300 liv. (Albiguié); l'autre, sous le nom du droit de la

Poissonnerie, en donne 28 (Planacassagne). En 1687, la même distinction existe, et le prix s'élève, pour le premier, à 420 liv. (Olivier); pour le second, à 101 liv. (Roques).

Le prix du bail de la Chambre d'Amour est, en 1579, de 64 liv.; en 1622, de 111 liv. (Bonnet, marchand); en 1687, il n'en est pas question.

Les places de la Conque, du May et du Portail-Garrel sont affermées 1 écu 25 sols, en 1579 ; 3 livres, en 1622. Plus tard, on n'en dit rien.

La *Finance* du Port-Bulier produit, en 1579, 2 écus 17 sols; l'*Arrentement* de la rive du Pont-Neuf, 5 écus 20 sols ; en 1622, le droit de *Vinatge* de ce pont est affermé 90 liv.; le droit de *Mesurage du sel* exercé, nous le supposons, au même lieu, 77 liv. En 1682, le premier de ces droits s'élève à 318 liv.; le second descend à 63 liv. [1]

---

[1] En 1585, les habitants de Cahors exposèrent au roi la désastreuse position en laquelle ils étaient depuis la prise de la ville, les églises ayant été démolies, les couvents saccagés, les édifices publics ruinés, les maisons particulières démolies et incendiées, la pauvreté et extrême misère à laquelle ils étaient réduits, leurs revenus patrimoniaux ne dépassant pas 500 écus et ayant pourtant un besoin indispensable de réparer les trois ponts de pierre *plantés à l'entour de la ville* sur le Lot, auxquelles fins ils sollicitaient la faveur d'imposer, suivant le bon plaisir de S. M. et avec le consentement du Sgr. Évêque et Comte de Cahors, sur chaque bateau abordant au Pont-Neuf, en descendant ou en remontant, et chargé de charbon de pierre, fustayes, bois, blé, sel, vin, un droit assez modique et qui n'atteignait pas les objets apportés par les habitants pour leur consommation. (M S. Arch. mun.)

Le roi nomma, le 21 novembre, des commissaires qui déléguèrent, à leur tour, le Sénéchal, et l'imposition eut lieu.

Sauf *la Chambre d'amour* (1) qui était un grand bâtiment dont nous connaissons la position exacte, si nous ignorons la cause de cette étrange dénomination, la Commune n'affermait, même en 1579, aucun autre de ses biens ; elle se gardait, surtout, de livrer à des particuliers ses édifices militaires. (2)

(1) La maison qu'on appelait, nous ne savons trop pourquoi, la Chambre d'amour, *d'amor*, *camera d'amors*, composée de boutiques nombreuses, était située sur la place de la Conque, devant les hospices du vénérable Chapitre. Elle confrontait, d'un côté, avec l'ouvroir de Beco, certaine rue droite entre ; d'autre côté, avec la maison de Salvanhac, la rue et la place commune des seigneurs Consuls entre ; d'autre part, avec le logis d'Hugues de Sauveterre, le chemin public ou rue entre. Elle fut, suivant un acte très-curieux dont nous avons la copie, donnée à cens et rente, aux plus offrants et derniers enchérisseurs, le 18 mars 1344, par les Consuls de Cahors, en la maison commune du Consulat; cette aliénation, sous faculté de rachat perpétuel, qui eut lieu, du consentement des habitants, dont cent-quarante-deux l'avaient provoquée, dans un grand conseil du 8 octobre précédent, eut pour objet de se soustraire aux poursuites rigoureuses, dont la ville était menacée, par le sérénissime et *excellent* duc de Normandie, lieutenant du seigneur Roi de France, à raison de la finance qu'il avait *exigée*, pour confirmer ses *libertés* et *priviléges immémoriaux*, et qui ne s'élevait pas à moins de 8,000 livres de Tours petites.

Je remarque dans cet acte, qui, avec ses annexes, n'a pas moins de trente-six pages in-f°, et mériterait à lui seul une étude spéciale, qu'au nombre des citoyens, réunis en grand conseil, pour déclarer, un à un, en face des saints Évangiles, leur sentiment, opinion et volonté, figurent des individus exerçant toute espèce de professions et de métiers. Avant ou après les *donzels*, *cavaliers*, et les très nombreux *mestrés*, l'on trouve des *maziliés*, *pélissiés*, *mercédiés*, *barbiés*, *affanayrés*, *mercadiers*, *penxiniés*, *maréniés*, *sartrés*, *teuliés*, *raffatiers*, *beyriés*, *candiliés*, *metgés* et *borgés*. Ce qui confirme ce que j'ai déjà dit sur la composition du consulat jusqu'à une certaine époque. Les quatre témoins instrumentaires de cet acte sont tous notaires royaux, comme M° Jean Paraire qui le retient. Ils s'appellent Pierre de Lastier, Pierre Marin, Géraud Lacoste et Pierre Labie.

(2) Ils avaient, pourtant, baillé à cens, la grosse tour de Bellegarde,

En 1622, elle a, avant tout, besoin d'argent et elle en prend où elle peut.

Indépendamment des quatre boutiques de la Ville, donnant sur la place de la Conque, et arrentées, celle qui faisait coin, à P. Roques, orfèvre, au prix de 52 livres ; la seconde au prix de 32 liv., à Jean Calcomi ; la troisième à J. Canzac, tailleur, pour 25 liv. 10 sols ; la dernière à P. Viguié, pour 18 livres ; non compris les boutiques, qui formaient le dessous de la maison acquise de M. Bodosquier, louées, l'une 50 liv., à Bassot, marchand ; l'autre à Claude Rousseau, imprimeur, pour 7 liv., on afferma la maison St-Mary [1] et les herbages des remparts, 61 liv. 6 sols 8 deniers ; le dessous de la classe des Abécédaires, 50 sols ; la cabanette du bout du Pont-Neuf, 6 liv. ; celle du milieu, 40 sols ; un gabion, 30 sols. On voulut affermer, également,

---

moyennant dix sols tournois de rente annuelle, à Guillaume Vayssières, affanateur : *Thurrim vocatam vulgariter la tor grossa dé Bela garda.* — L'acte est du 22 septembre 1469, retenu par Richer, notaire public de la cour de Cahors, en présence de *noble Adémar d'Auriole, bourgeois,* de M. Antoine de Brouelle, prêtre, et d'Étienne de La Croix, citoyen de Cahors. Mais il est probable que cette tour, qui ne pouvait, d'ailleurs, être même louée, sans l'agrément des Consuls, était en dehors du rayon des nouvelles fortifications.

(1) Dans la plaine de St-Mary, au nord de la ville, derrière le rempart, le grand évêque S. Didier avait élevé un oratoire en l'honneur de S. Namphase, l'illustre compagnon de Charlemagne, dont notre province possédait les précieux restes. Au moyen-âge, la chapelle et les bâtiments adjacents devinrent une léproserie, plus tard un hôpital. Au 17e siècle, les soldats blessés aux siéges de Montauban, St-Antonin et Négrepelisse y furent établis... Aujourd'hui, il ne reste, seulement, pas une pierre pour rappeler ou attester ces pieuses créations.

la tour joignant la Porte-del-Miral, les deux gabions et une tour du Pont-Neuf, ainsi que le bas du corps-de-garde du Portail-Garrel ; mais l'on ne trouva pas des enchérisseurs.

En 1682, les boucheries du Pont-Vieux sont affermées 106 livres ; celles de Labarre, 69 liv. ; les cinq tabliers de celle de la Conque 110, 100, 85, 65 et 25 liv. ; le droit de *Coupe des chairs maigres*, du faubourg Labarre, 50 liv. ; celui du faubourg St-Georges, 30 liv. ; les deux tabliers de la boucherie des Écoles, 40 liv. chacun.

Le corps-de-garde du Pont-Neuf est délivré pour 18 liv. ; celui du Port-Bullier, pour 5 liv. ; un gabion, restant sur les *Estandaries*, pour 2 liv. ; la première cabanette du Pont-Neuf, 2 liv. 10 sols.

Les herbages et fossés de St-Mary, pour 55 liv. Un pâtus devant l'Hôtel-de-Ville s'afferme 30 sols.

L'émolument du greffe criminel, appartenant, pour un tiers seulement, à la Commune, figure au compte de 1579, pour 2 écus 35 sols 4 deniers ; à celui de 1622, pour 9 liv. ; celui-ci porte, en outre, le prix du bail des greffes civils et criminels des justices de Trespoux, Villesèque et Rassiels, à 50 liv. Le compte de 1687 ne parle pas de ces droits.

Enfin l'émolument du Souchet levé sur la viande et le vin, donné en 1579, pour 576 liv., atteignait, en 1622, 2,000 liv. et en 1687, 2,700 liv.

En somme, les recettes ordinaires du premier compte se portent à.............................. 1,614 liv.
Celles du second à. .... 4,476 liv. 6 s. 8 d.
Celles du troisième à..…............ 5,572

Les autres recettes de 1579, provenant du reliquat du compte du sieur Hugues Réganhac, marchand, consul boursier de l'année précédente 1578; des tailles des habitants de Laroque-des-Arcs, (1) des rentes de la Ville, au nombre desquelles figurent huit *quartes* de froment, payées par les tenanciers du moulin St-Jacques, et vendues à la Pierre, le 3 janvier 1580, à raison de 1 écu 12 s. la quarte; et de quelques amendes qui lui avaient été adjugées, élèvent le chapitre des recettes, de toute nature, à 2,089 liv. 8 s. 11 d., non compris les tailles destinées au roi ou au paiement des soldats.

Le sous-chapitre des amendes fournit, seul, quelques indications à noter.

Deux femmes ont payé 10 s. chacune, pour avoir laissé *divaguer leurs pourceaulx en la ville*; (2)

Trois bouchers, 5 écus 15 s., pour avoir contrevenu *à la taxe de la chair*; ayant vendu la livre de bœuf à 3 s., n'étant taxée qu'à 25 d.;

---

(1) Quoique Laroque-des-Arcs ne fût pas dans la commune de Cahors, les tailles et autres impôts royaux qui concernaient cette ville et ce village, étaient et furent jusqu'après 1789, non pas confondus mais réunis dans un seul et même rôle.
(2) Ordonnance bien vieille, comme on voit, mais toujours comminatoire et vaine.

Trois individus du faubourg St-Georges, 4 écus; deux 1 écu, chacun, pour avoir *dérobé* du bois aux vignes du sieur Lacombe, bourgeois; le troisième, 2 écus, pour l'avoir *recélé;* (1)

Une *revenderesse,* 10 s., pour avoir acheté des pêches *avant que l'heure de midi eût frappé;* (2)

Plus, M. Adrien Baudus, 2 écus; on ne dit pas pour quel méfait. Il en est de même des sieurs Nègre, de Duravel, et P. Fornier, qui paient, chacun, 3 écus.

Les autres chapitres de recettes pour l'année 1622, se composent, comme au budget précédent, des tailles de Laroque, du produit des rentes, qui sont à peu près les mêmes qu'en 1579, et des amendes qui, quoique prononcées contre six personnes seulement, s'élèvent à 535 livres;

Ce qui porte la recette totale de cet exercice à 5,508 liv. 2 s. 11 d.

Le compte de 1687 accuse, d'abord, le produit des rentes; celui de 2 liv. 1 s. pour la *maîtrise* d'un menuisier, *fils de ville;* de 3 liv. payées par le sieur Cantarel, pour sa *réception d'apothicaire;* (3) du reliquat d'impositions arriérées,

---

(1) Disposition empruntée nous ne savons à quelle législation. Les criminalistes les plus sévères ne voulant, conformément aux Établissements de S. Louis, qu'une peine égale pour le voleur et le receleur.

(2) Prohibition dans l'intérêt des consommateurs, des pauvres surtout, constamment attaquée, toujours maintenue. L'arbitraire étant quelquefois de la justice.

(3) Il paraît, d'après ces deux articles de recettes, que la Commune percevait un droit sur tous ceux qui entraient dans une corporation, et que ce droit était moins élevé pour les *fils de ville* que pour les étrangers.

dues par les collecteurs des années **1683** et **1686** ; une recette de 5,500 liv. provenant de l'*afferme* des *surtaux* de la viande de boucherie, imposée par délibération de la Communauté du **14** février **1687**, (1) enfin **14** et **30** liv. pour la location à une veuve *Coture* et à un *cuisinier* d'une partie du palais de la Cour des Aides, devenu l'hôtel-de-ville.

Ce chapitre, à lui seul, se porte à **6,106** liv. **13** s. **6** d., qui, additionnés aux recettes ordinaires, donnent un total de **11,678** liv., c'est-à-dire une somme deux fois plus considérable que celle de **1622**, et cinq fois plus élevée qu'en **1579**, mais qui n'atteint pas le dixième de nos revenus actuels qui s'élèvent à environ **140,000** fr.

Les ressources de la ville ainsi connues, voici quel usage il en était fait.

Tout d'abord, les Consuls devaient se procurer leur costume, (2) leurs robes et chaperons, mi-partis de rouge et de

---

(1) On remarque dans toutes les taxes nouvelles, que provoquent les nécessités successives, le même caractère ; elles sont, toutes, des impôts de *consommation*, les plus équitables, sans contredit, et les plus faciles à percevoir.

(2) Une ordonnance (insérée au *Te igitur* M S. com.) défend sous peine d'amende, dès le 13e siècle, aux Consuls de s'occuper des affaires communales, sans être revêtus de leurs robes et de leurs chaperons, les jours solennels; de leurs chaperons, tout au moins, les jours ordinaires.

— 20 —

noir ; habiller leurs sergents, et, après eux, l'exécuteur des hautes œuvres ; ceux-là en habits vert et bleu ; celui-ci en jaquette jaune et incarnat.

C'était là, comme on va s'en convaincre, la grosse et principale dépense ; et nous comprenons que ce motif seul ait pu déterminer la réduction, successive, de gens qui coûtaient si cher. [1]

En 1579, sur les huit Consuls nouvellement nommés, cinq n'avaient pas, jusqu'alors, rempli ces fonctions.

Balthazard Muratel, march., et, pour lors consul et boursier, fut chargé par ses collègues de faire venir d'Orléans le drap nécessaire pour les équiper. Il lui fut expédié par A. de St-Genin, fabricant de cette ville. A ces cinq robes et chaperons, on mit trente-deux aulnes de noir et trente-deux de rouge, qui, à raison de 2 écus 40 sols (8 liv.) l'aulne, — non compris le port payé 4 écus 20 sols (13 liv.), — coûtèrent 175 écus (525 liv.).

De plus, on donna aux Consuls qui avaient déjà occupé cette charge et avaient, suivant la coutume, gardé leurs robes, 1 écu, 40 sols (5 liv.) à chacun, pour remettre des doublures ; ce qui fit 5 écus (45 liv.).

---

[1] Quand, en 1419 et puis en 1533, les habitants de Cahors demandèrent que les consuls fussent, de 12, réduits à 6 d'abord, à 8 ensuite, ils invoquèrent la *grosse charge*... qui résultait de ce nombre excessif d'administrateurs.

Mᵉ Pierre *costurier*, ⁽¹⁾ également consul, — tout se faisait en famille, — reçut 10 sols pour visiter le drap des robes, puis 4 écus pour les confectionner, à raison de 30 sols chacune (12 liv.)

Voilà déjà pour ces habits, — et on avait eu la chance de n'en faire que cinq, à neuf, — 552 liv. 10 sols; plus que le tiers des revenus ordinaires de cette année.

Mais ce n'est pas tout, après les maîtres les serviteurs; après les seigneurs Consuls, *les valets-de-ville*, comme on disait jusqu'à ces derniers temps.

Pour ceux-ci, on n'écrit pas à l'étranger ; on prend la marchandise dans une boutique de la cité, chez le collègue Muratel, qui vend, pour les robes des huit sergents, quarante aulnes de draps bleu et vert, à raison de 50 s. l'aulne; soit, 33 écus 20 s. (100 liv.). Puis, on donne au collègue maître Pierre 40 s. pour la façon (2 liv.). Ici tout est réduit, la qualité, la quantité, le fond et la forme.

Enfin, le même Muratel reçoit la somme énorme de 8 écus 11 s. 6 d. pour la robe et autres *acoustrements* accordés au Bourreau par une délibération spéciale (24 liv. 11 s. 6 d.)

Ces seuls articles atteignent ainsi, le chiffre de 679 liv. 1 s. 6 d.

Des personnes, si bellement mises, ne pouvaient sié-

---

(1) *Costurier* : tailleur.

ger, constamment, dans l'ombre du consistoire de leur maison commune. Il fallait se montrer au dehors et y faire admirer ces magnifiques robes de cérémonie qui n'avaient pas moins de douze aulnes chacune. On allait aux processions, aux fréries de la banlieue, aux banquets surtout. On y allait en grande pompe, avec ses gens et les violons. Mais tout cela coûtait cher, fort cher; à preuve les articles de dépenses qui suivent, parfois réduits par les taxateurs, et qui peignent singulièrement bien, les mœurs de cette étrange époque de la renaissance.

« 1° *Du 2ᵉ jour de may 1579* (1), *ayant été créés consuls le jour auparavant, à la suite ayant ouï la messe, suivant l'ancienne coutume, à la chapelle du St-Esprit, il fut baillé pour la messe et offrande 7 s. 6 d.;*

» 2° *Ledit jour 2 may, payé aux violons qui nous ont accompagnés, pour ouïr la messe, 5 s.;*

» 5° *Aux violons, pour nous avoir accompagnés à la procession de la Fête-Dieu, 10 s.;*

» 12° *Aux violons qui nous accompagnèrent aux portes et tours, la veille de St. Jean-Baptiste, 10 s.;*

» 33° *Aux violons qui nous accompagnèrent à la procession de St. Fabien et St. Sébastien, 10 s.* »

---

(1) Les élections consulaires se faisaient, encore à cette époque, conformément aux coutumes et à un usage immémorial, le premier jour de mai. Ce ne fut que six ans plus tard, qu'elles furent, suivant une ordonnance royale de 1586, fixées au 1ᵉʳ janvier.

— 23 —

La suite du chapitre de la dépense manque ; et nous ne pouvons, pour cette année, savoir exactement tout ce qui fut payé aux ménétriers ou autres agents communaux, ni pour les dîners consulaires, dont le coût élevé est dans les comptes invariablement réduit en ces termes : *3 écus 20 s. ; trop : 4 liv.;* — absolument comme dans le *Malade imaginaire.*

Les autres articles, dont l'état reste, consistent :

En le prix du déchet des torches prises chez un apothicaire et portées aux processions : pour celle de la Fête-Dieu 1 écu 15 s. (Art. 4), celle de l'Octave 40 s. (Art. 8), celle de St. Abdon, 48 s. (Art. 15);

En 1 écu 12 s. pour la cire de la roue (*roda*) que la ville donne, chaque année, à l'église St-Jacques, et 13 s. pour la façon de cette roue ou le filet qui y fut mis ;

En 4 écus, pour les vingt cierges que la ville donne, le Jeudi saint, à toutes les églises, et pesant 20 livres, à raison de 12 s. la liv.; et 35 s. pour les vingt armoiries peintes qui y sont mises.

Enfin, viennent les gages : [1] Ceux du R. P. maître Pla-

---

[1] Malleville nous a conservé dans ses ébats manuscrits, le tableau des gages des officiers royaux du Quercy, précisément pour cette année 1579. Voici ce qu'ils avaient :

Le Sénéchal...............	100 écus.
Le Juge mage.............	33 1\3
L'avocat du roi, au siége de Cahors.................	8 1\3
Le procureur du roi, au même siége...............	16 2\3
Le juge ordinaire de Montauban..................	33 1\3
Le capitaine de Caylus........................	33 1\3

cide, religieux de l'ordre de St-François, pour avoir prêché l'Avent et Carême, suivant l'ancienne coutume, 15 écus;

Ceux de maître Planavernhe, secrétaire de la ville, 4 écus 25 s.;

Ceux de maître Dubosquet, syndic, 5 écus;

Ceux des Sergents, à raison de 50 s, par mois chacun : 80 écus (240 liv.);

Ceux de maître Jausion Viala, serrurier, pour avoir gouverné *l'Orologe* pendant trois années, 3 écus 20 s. (10 liv.), plus 15 s. à ceux qui avaient pris à sonner la grande cloche, pour le bien de la foire, comme de coutume.

Ceux de Jacques Maugranges, exécuteur de la haute justice, pour ses gages, à raison de 10 s. par mois (1 écu).

Puis, les aumônes aux couvents de mendiants, à la Noël, 5 s. à chacun (50 s.);

Et 10 écus. 6 s. 8 d, pour les messes dites, tout le long de l'année, suivant le vœu de la ville, à l'autel St-Sébastien, en l'Église Cathédrale.

Le viguier de Figeac	33 1\3
Le juge de la viguerie de Figeac	26 2\3
Le procureur du roi de Figeac	10
Le Receveur du domaine du Quercy	35 1\3 5 s.
L'exécuteur de la haute justice de Cahors	2
Le trompette royal de Cahors	2

En dehors de ces gages, il y avait des droits, des remises, des taxations, des épices; mais en somme, et même avec ces accessoires, le revenu des magistrats, surtout, était très peu considérable.

Si l'on ajoute à ces dépenses 2,179 liv. payées au caporal Sarrazy et à ses soldats pour leurs gages, à raison de 12 liv. par mois pour le caporal, et six liv. pour chaque soldat, suivant l'ordonnance des États tenus à Moissac, — on a cité tout ce qui nous reste de ce document, qui se termine par les doléances du comptable, lequel prétendant que, lors de la prise de la ville par les Huguenots, on lui a pillé sa boutique et emporté la caisse où étaient les deniers communaux, en demande décharge ; —mais envain.

Le compte de 1622 est complet. C'est un volume petit in-f°, entier, parfaitement conservé, et nous y trouvons, après les recettes, toutes les dépenses de cette année. Voici les principaux objets qui y figurent :

Les robes consulaires, tout d'abord : — les huit, y compris le velours qu'on y a introduit, coûtent 800 liv.; celles des huit Sergents ou leurs manteaux, 103 liv. : — la casaque de l'exécuteur, composée d'une cane d'étamine incarnat et deux pans de jaune, 10 liv.; la façon pour les sergents, 6 liv.; pour chacun 15 s.; autant pour celle du vêtement destiné au Bourreau.

Le *déffray* du dîner de la Fête-Dieu est porté à 10 liv.

Celui des repas de St-Cirice, le 26 juin ; de Lacapelle, le 1er août; de Bégoux, le jour de St-Martin, 6 liv. chacun.

La collation de la St. Jean, 3 liv. 10 s.

Le *banquet* ou *festin* du premier jour de l'an, — dîner et souper, — lors de la nouvelle installation consulaire, 90 l. (1)

Vingt-cinq flambeaux de cire jaune, pesant 30 livres qui furent employés à accompagner, le soir de ce banquet, les convives qui y assistaient, 24 liv.

Les cierges de cire jaune, pesant cinq livres trois quarts donnés par offrande, le jour de la St. Roc, à l'église St-Urcisse, 4 liv. 12 s.;

Quatre cierges de cire jaune de quatre liv. et quart, employés à la procession de St. Abdon, 3 liv. 8 s.

La roue donnée à la paroisse St-Jacques, 6 liv.

Un flambeau, d'une livre, afin d'allumer le feu de la St. Jean, 16 s.

Quatre cierges, de deux livres chaque, employés à la procession de la Fête-Dieu, de l'Octave ou à celle de MM. les Pénitents, 6 liv. 8 s.

Vingt-quatre cierges de cire jaune, — toujours à 16 s. la liv., — donnés aux églises, le Jeudi saint, 20 liv., et 30 sols

---

(1) Comme nous l'avons dit dans l'avant-dernière note, dès 1586, c'est-à-dire 36 ans avant l'époque à laquelle se réfère ce compte, les élections consulaires avaient lieu le premier jour de l'année.

payés à Claude Rousseau, imprimeur, pour les armoiries qui y furent apposées.

Enfin, quatre flambeaux employés à la procession générale du 1ᵉʳ février, qui a lieu, chaque année, en actions de grâces, *de ce qu'en l'année 1581, il plut au Seigneur que la ville fût rendue entre les mains des catholiques, ayant été occupée, les huit mois précédents, par ceux de la nouvelle prétendue réformée religion*, 4 liv.

Le prêtre qui dit la messe du St-Esprit aux Consuls, le 2 janvier, lendemain de leur élection, reçoit 9 s.; autant celui qui la dit la veille, premier jour de l'an; autant, celui qui la célèbre le jour de St. Roc.

Ceux qui en sont chargés, durant tous les jours, à l'autel St-Fabien et St-Sébastien, ont 36 liv.

Le père Simplicien, religieux Augustin, est payé de 30 liv. pour avoir prêché le Carême. On offre 15 liv. au père La Guigi, jésuite, pour avoir prêché l'Avent; il ne veut rien prendre. (1)

On donne aux quatre couvents de mendiants, 20 s.

---

(1) Ce n'étaient pas des gages, mais une indemnité pour leurs frais de nourriture et de voyage.
Un arrêt du parlement de Toulouse, intervenu entre le syndic des manants de Moissac et l'abbé du monastère, avait déjà décidé, par voie règlementaire, que les *dépenses* des prédicateurs étaient à la charge des *villes* et leur *salaire* à celle des *prenants fruits* (Maynard, 9. ch.38). Aussi voyons-nous que jusqu'en 1790 la commune de Cahors porte, chaque année, cet article de dépense dans son budget.

Les gages sont à peu près les mêmes.

Le secrétaire greffier de la Maison-de-Ville, M. Blanc, a 13 liv. 5 s.

M. Socirac, son procureur au Sénéchal, 6 liv.

M. Béduer, son procureur ordinaire, 10 livres.

Les huit Sergents, 50 s. chacun, par mois; sauf le trompette qui a 3 liv.; en tout, 246 livres.

L'Exécuteur, 30 s. par mois, 15 liv.

Les Violons sont attachés, en titre, au Consulat et reçoivent 40 liv. pour tous les services qu'ils font le long de l'année.

On paie à l'Évêque 100 liv. de rente, conformément à l'ancienne transaction que les nouveaux prélats, comtes de Cahors, ont fait revivre ou respecter;

Aux prêtres de la Daurade, 8 s. pour la maison achetée par la Ville, de Regourd, *bourgeois*, où est le corps-de-garde du Pont-Neuf; 5 s. pour une autre maison du Portail-Garrel, qu'elle a également acquise, afin de la donner aux Jésuites; à la Prieure de la Daurade, 44 s. pour le *camp des monges;* aux Jacobins, 5 s. — toujours de rente — pour une maison prise par la Ville, dans le but d'agrandir la place, on ne dit pas laquelle.

Après ces dépenses ordinaires, un chapitre spécial est

consacré à celles qui furent occasionnées pour les affaires de la Commune.

Il se solde par un chiffre énorme de 1,445 liv. 17 sols 6 deniers. (1)

Ce sont, d'abord, des frais de voyage, tantôt de deux Consuls qui sont députés pour aller, à l'occasion des nouvelles élections, faire la révérence à Mgr. le maréchal de Thémines, occupé au siége de Bruniquel (15 liv.); tantôt de deux autres, qui vont conférer avec lui, à Moissac (15 liv.), puis, le complimenter, lors de son mariage à Milhac; une autre fois, du Secrétaire qu'on lui expédie, en poste, à Caussade, 9 liv. 14 sols; ensuite, des courriers du Roi, qu'il faut lui conduire (6 liv), des lettres qu'il faut lui apporter; deux grands canons que la Ville lui amène (100 liv.) ; des dépens à acquitter, pour des procès; des fonds à envoyer à Paris, à Toulouse, —partout où l'on plaide; — puis, les dépenses faites pour envoyer, plusieurs fois, des Consuls vers le Roi, lui-même, à son entrée dans le Quercy, à Négrepelisse, au siége de St-Antonnin, afin de le complimenter, et lui soumettre, à diverses reprises, les doléances du pays, ou lui

---

(1) Le 18 juin 1668, il intervint un arrêt du Conseil qui prescrivit aux villes qui auraient des députations à envoyer au Roi de choisir d'autres députés que leurs administrateurs, ceux-ci ayant l'habitude dé susciter ou supposer des affaires à leurs communautés, afin de se faire expédier et défrayer, largement, à Paris, ou à la Cour, quand ils y étaient appelés par leurs intérêts privés; d'où procédaient en partie les dettes des villes. (H. Martin, 13. 57. — Alex. Thomas, *Une province sous Louis XIV*, p. 246.)

demander la suppression des Élus et l'union du Présidial de Montauban à celui de Cahors. (1)

Un troisième chapitre, s'élevant à 1,767 liv. 16 s. 6 d., concerne les réparations des tours, boulevards, corps-de-garde, maison-de-ville et autres lieux publics.

---

(1) La généralité de Montauban ne fut créée qu'en **1636**; on la composa de onze élections, réduites à six, en **1715** : trois en Rouergue, cinq en Gascogne et trois en Quercy : Cahors, Montauban et Figeac. Ces onze élections ressortaient à une cour des aides, établie d'abord à Cahors, en **1642**, puis transférée à Montauban, en **1662**, vingt ans après.

L'élection de Cahors était la plus considérable de toutes; elle avait **1,323** feux et **40** bellugues *desquelles les cent font un feu*. Celle de Montauban, **1,300** feux, et **5** bellugues; celle de Figeac **1,097** feux **50** bellugues seulement.

L'établissement de ces nouvelles jugeries, essayé dès **1611**, suscita dans le Quercy, des embarras considérables et des révoltes sérieuses dont l'histoire générale, elle-même, a conservé le souvenir (H. Martin, 11, p. 305. — *Mercure de France*, 10, 473) et que nous pourrons, en un autre lieu, raconter en détail. C'est pour prévenir l'introduction définitive dans notre province, de ces juridictions qui devaient amener la ruine des États de la province et les dépouiller eux-mêmes de leurs meilleurs droits que, dès cette époque, les magistrats municipaux luttaient, faisaient des démarches, des alliances avec ceux des villes voisines, Villefranche, Figeac, Rodez, Millau; toutes choses qui nécessitaient un échange incessant de lettres, de dépêches, de courriers, de députés, dont les frais et dépenses figurent au compte de **1622**, pour une somme considérable, Mais tous ces efforts furent inutiles; les *Élus* furent définitivement établis à Cahors, cette année même, puis en juin **1627**. Leur palais, qu'ils ont conservé jusqu'en **1791**, était dans la rue qui fait face à l'église Cathédrale, et qui porte encore leur nom.

Ils ne furent pas plus heureux à l'égard du Présidial de Montauban. Alors, comme toujours, les amis furent sacrifiés aux ennemis. La ville *rebelle* et *hérétique* absorba tout : Intendance, Cour des Aides, etc., au préjudice de la cité *fidèle* et *catholique* qui, pour soutenir le *trône* et l'*autel*, avait tout risqué, tout perdu, mais sur l'abnégation de laquelle on savait, en définitive, qu'on pouvait aveuglément compter,.... ce qui suffisait, sans doute.

Au nombre de ces réparations, sont celles faites aux gabions de *Labarre* et de *Valentré,* à la *Citadelle,* aux portes du bout du *Pont-Neuf,* à celle de la rue *St-Jacques,* à celle de *St-Urcisse,* à la *Porte-Neuve,* au corps-de-garde du *Port-Bulier,* à celui du *Portail-Garrel,* à celui de *Valentré,* principalement au premier ; à la tour du *Portail-Albenq,* à la tour des *Chanoines,* au *Pont-neuf,* à la maison *St-Mary,* lorsque les blessés furent conduits en cette ville ; à la maison de M. l'archidiacre Carbonnel, où l'on remit quelques *listels* (3 liv. 10 s.), pour y loger Mgr. le duc d'Angoulême.

Enfin, suivant délibération du conseil de ville, 400 liv. sont données au juge-mage pour subvenir, en partie à la réparation *des bâtiments qu'il fera de la muraille de la ville tombée, ès années précédentes, à l'endroit de son jardin, regardant sur le faubourg du Port-Bulier, laquelle somme lui a été accordée, en considération des notables services qu'il a rendus et rend journellement.*

Les dépenses indiquent le prix de certains objets :

33 liv. 10 s. pour dix cannes d'*aix*, à raison de 32 s. la canne, et un millier de *lattes* ou *tavelles;* 37 liv. pour 16 poutres.

30 s. pour cent tuiles gros, 25 liv. pour deux milliers de tuiles *canals*.

Un quatrième chapitre comprend la dépense faite pour le

bâtiment et la réparation de la grande salle et chambre joignant, de la Maison-de-Ville.

Le prix fait s'élève à 905 liv.; il fut payé à l'entrepreneur, durant cette année, 443 liv. 6 s. L'on envoya chercher à Moissac de grosses poutres de *sapin*, dont le port coûta 120 l. En tout, le compte accuse, pour cet exercice, 648 liv. 11 s.

Un cinquième chapitre est, exclusivement, consacré aux réparations des fossés de Labarre. La dépense s'élève à 935 l. 17 s. 2 d.

Ces réparations furent décidées, au mois de février ; *sur ce que l'on disait que ceux de la R. p. R., sous la conduite des sieurs de Rohan et de Latour, tenaient la campagne ès divers lieux du voisinage, il fut résolu de creuser et approfondir les fossés de dehors la porte de Labarre, qui étaient presque applanis, pourquoi faire il fut fait manœuvre non seulement par tous les quatre quartiers de la ville, mais encore par tous ceux de la juridiction et autres de la sénéchaussée qu'on avait fait venir au travail, en vertu d'une ordonnance obtenue avec grand soin et difficulté de Mgr le maréchal de Thémines, lieutenant général pour le roi en Guyenne,* ce qui fit que, durant les six mois que dura ce travail, on ne paya que les outils, certains ouvrages extraordinaires et, de temps à autre, quelque distribution d'argent, de vin clairet ou de vivres. Il est à remarquer que de toute la province, seuls, les habitants de Montfaucon et St-Cernin, refusèrent, même requis par les sergents et autres porteurs de mandements royaux, de se rendre à ces ordres. Il fallut les y faire contraindre par un arrêt du parlement de Toulouse, qui coûta 13 liv.

Un autre chapitre (6e) est relatif aux dettes et intérêts des sommes dues par la Ville à des particuliers. Le total est de 5,478 liv. 15 s. 9 d.

La réparation des ponts y figure pour 4,744 liv. 7 s. 6 d., dont il est fait recette au chapitre des deniers extraordinaires.

Le surplus est donné, à l'hôpital St-Jacques : 160 liv.

40 liv. à M. Baudus, bourgeois, pour les intérêts d'*un an*, de 600 liv., que la Ville lui doit depuis 1616.

93 liv. 15 s. à M. Ant. Bodosquier, jeune, avocat, pour les intérêts d'*un an*, de 1,500 liv. qu'on lui doit, pour l'acquisition de la maison de son frère.

120 liv. à M. Jean *de* Bodosquier, aussi avocat, *son frère*, pour les intérêts d'*un an*, de 1,600 liv. à lui dues pour les mêmes causes.

10 liv. aux religieux Jacobins, pour les intérêts de 200 liv. à eux dues par feu M. de Bodosquier, bourgeois, déléguées sur la Ville.

31 liv. 5 s. aux prêtres obituaires de St-André, pour les intérêts des 500 liv. qui ont la même origine.

Ces stipulations, toutes légales, d'intérêts *divers* sont à noter :

Les religieux 5 p. cent ;

Les simples prêtres 6 et une fraction ;

Les bourgeois près de 7 ;

Les hommes de robe plus encore.

Le 7e chapitre contient la dépense faite en dons, présents aumônes et œuvres pies ; elle s'élève à 337 liv. 19 s. 6 d.

32 liv. pour du vin donné à Mgr. le duc d'Angoulême qui, avec le maréchal de Thémines, séjourna, environ huit jours, dans la ville ;

11 liv. pour 400 fagots, donnés aux pères Capucins ;

3 liv. 4 s. pour subvenir aux frais de la sépulture d'un sergent de la Maison-de-Ville ;

24 liv. pour deux barriques de vin envoyées à M. Devic, garde-des-sceaux, étant à la suite du Roi, à Caylus, durant le siège de St-Antonnin.

5 livres pour cent *pains mouflets*, d'un sol chacun, envoyés au même ;

3 livres 2 sols 6 deniers pour une charge de fruits, ayant la même destination.

6 livres pour une grande corbeille et deux *semals* ou *portoires*, afin de transporter ces objets.

5 livres 10 sols pour deux flacons, ou bouteilles de verre,

qu'un hôte prêta pour envoyer le vin au S^r garde des sceaux *et que ses gens retinrent.*

5 livres 13 sols à M. Florenc, bourgeois, et au recteur de St-Barthélemy, pour certaines autres bouteilles, données à l'effet ci-dessus.

43 livres 1 sol pour vingt-deux quartes d'avoine envoyées au même seigneur.

6 livres 6 sols pour les sacs.

89 livres 3 sols, pour autres trente-trois quartes d'avoine et une pipe de vin clairet, données au même ou à son secrétaire. — 3 livres 10 sols pour dix sacs.

12 livres pour douze journées de cheval, loué pour apporter ces présents.

20 livres 17 sols pour les frais de voyage du greffier, secrétaire de la Maison de Ville, pour aller les offrir audit seigneur.

10 livres à M. Béraldy, bourgeois, pour une barrique, *vin excellent*, donné au maréchal de Thémines.

5 livres 10 sols pour un quarteron d'huile d'olive, donné par aumône aux Capucins.

42 sols pour une paire de gros chapons, donnés aux mêmes pour leurs malades. (1)

---

(1) Les Capucins, religieux de l'ordre de St François, de la plus étroite observance, n'ayant jamais voulu accepter la moindre *mitigation* de la règle primitive, ne datent que de 1525 ; Charles IX obtint, à grand'-peine, de Grégoire XIII, qu'il leur fût permis de s'établir en France.

Notre évêque, Antoine de St-Sulpice, mort en 1600, légua, par son

12 livres pour un quintal de morue sèche, donnée aux mêmes, ou pour certaine autre morue ou huile d'olive données aux Cordeliers.

4 livres aux religieux Carmes, pour les causes contenues en leur requête.

10 livres aux Augustins, lors de la tenue de leur chapitre, à cause de leurs grandes nécessités. — 7 livres plus tard, aux mêmes; pareille somme aux Claristes, qui eurent ultérieurement et sur nouvelles instances une semblable aumône.

3 livres à un pauvre compagnon peintre, tombé malade en cette ville.

Le chapitre 9, qui suit, est relatif à la dépense faite à la conduite des criminels et condamnés.

Il n'y a que deux articles, s'élevant à 145 livres. Le premier concerne le transfèrement en la conciergerie de la souveraine cour du parlement de Toulouse, de Peyronne-

---

testament de cette même année, son magnifique jardin, situé vers le pont Valentré, afin d'y construire un monastère pour eux.

Son successeur, Simon de Popian, en posa la première pierre, en 1607, le jour de St Michel-Archange, et, grâce aux nombreuses aumônes offertes dans cet objet, tout — couvent, église, dépendances — fut bientôt en état de recevoir ces austères serviteurs de Dieu, pour lesquels on eut, toujours, dans notre ville, une prédilection marquée.

Ils prirent possession définitive de leur nouvelle maison, en 1611, et l'occupèrent jusqu'en 1791 — cent quatre-vingt-dix ans — sans l'augmenter ni l'embellir outre mesure, mais entourés, toujours, de l'affection et du respect des pauvres et des riches, des petits et des grands. — L'histoire de nos finances, même, le prouve.

Fabienne, dite Magoulati, accusée de *sorcellerie*, [1] appelante de la condamnation à la question contr'elle donnée (45 liv.); le second s'applique à celui de trois autres condamnés aux galères perpétuelles (100 liv.).

Dans les deux chapitres qui viennent après, les 10e et 11e, il s'agit des rentes qu'on a portées en recette, quoique non payées, 56 sols 2 deniers; puis des deniers provenant des émoluments de la Ville et sur lesquels un rabais. a été fait aux fermiers, à raison des entraves et la perturbation dans les recettes, qu'a forcément déterminées la guerre et ses conséquences (400 liv.).

Les dépenses de toute nature des deniers se portant à 12,798 liv. 4 sols 7 den., sont réglées à ce chiffre par les auditeurs des comptes, qui déclarent que, sur cette partie, elles excèdent les recettes de 7,280 liv. 1 sol 8 den., que la Ville doit au comptable.

Le règlement effectué et le compte clos à ces termes, on procède à la vérification d'autres articles de recette et de dépense, qui forment un nouveau compte complet, avec des divisions identiques.

La recette n'a qu'un chapitre, fort de 19,433 liv. 8 sols, principalement composé des objets suivants :

---

(1) Il y a eu, dans le Quercy, des poursuites, bien plus tard encore, contre les sorciers. En 1661, sous l'épiscopat de Mgr de Sevin, l'un des meilleurs évêques qu'ait eu la France, Vidal affirme qu'il en fut brûlé deux, à Cahors, *convaincus d'insignes maléfices;* et c'est très-vrai. — J'ai vu, moi-même, les pièces les plus curieuses de ce triste procès.

17 liv. 13 sols 8 deniers, reliquat des tailles de 1621, payés par l'exacteur des deniers royaux.

10,097 liv. 12 sols, reçus du même pour celle de 1622.

4,744 liv. 7 sols 6 den. que la ville dut emprunter pour finir de payer les tailles de 1621.

2,033 liv. 6 sols 8 den. pour le paiement de MM. de l'Université et du Collége.

800 liv. pour celui des Pères Jésuites.

100 liv. donnés par le Roi, pour distribuer aux blessés qu'il envoyait à Cahors.

600 livres, produit d'un don fait par l'Évêque, le Chapitre et le Clergé, pour les nourrir.

400 liv. empruntées pour les affaires de la Ville, notamment la réparation des ponts.

La dépense a plusieurs chapitres :

Le premier comprend exclusivement : 7,087 livres 4 sols, payées à M. de Lestang, receveur des tailles du Quercy, pour la part de la Ville en 1622.

Le deuxième concerne l'*entretènement* de MM. de l'Université et Collége, ainsi payés :

M. de Vaxis, docteur-régent de droit civil et doyen (1) 500¹

M. de Roaldès, docteur-régent de droit canon(2). 400

A reporter 900

---

(1) M. Géraud de Vaxis était fort riche. Il n'eut pas d'enfant mâle, mais, seulement, des filles; il avait marié l'une d'elles, Marie, le 10 février 1604, avec M. Antoine Lefranc, docteur-régent, comme lui, en l'Université; une autre, Anne, avec M. de Molières, avocat; une troisième, Bernarde, avec M. Du Bosquet, conseiller en la cour présidiale; la quatrième, Antoinette, le 5 octobre 1603, avec M. Guillaume de Regourd, docteur et avocat, et, plus tard, juge-mage et président à la même cour, lequel appartenait à une famille originaire de Toulouse et noble par le Capitoulat. Par son testament clos, antérieur à 1625, il fit héritière celle-ci, à la charge de rendre son hérédité à Ambroise de Regourd, son fils aîné, sous la condition de porter le nom et les armes de Vaxis. C'est ainsi que nous avons eu des Regourd de Vaxis.

(2) Le Roaldès, dont il est ici question, n'est pas le fameux François Roaldès, né en 1519, l'un des plus célèbres jurisconsultes du 16ᵉ siècle, étroitement lié avec Cujas, Hottman, Scaliger, Juste-Lipse; leur rival, leur émule; quelquefois leur juge. Ce grand homme, dont le savoir était universel et qui se faisait pardonner sa supériorité par une admirable modestie, était mort depuis déjà longtemps — 1589 — à Toulouse, tué, dit-on, par la douleur que lui causa la fin tragique de son ami intime, le premier président Duranti, qui l'avait attiré dans cette ville. Ce n'était pas son fils, puisqu'il ne fut jamais marié, ni son cousin, beaucoup plus âgé que lui, François Roaldès, le lieutenant principal au Présidial de Cahors, qui, à cette époque, eût été plus que centenaire.

Était-ce Henri Roaldès, son parent et son élève, auquel il laissa, en quittant l'Université de Cahors, la chaire qu'il y occupait? Ce n'est guère probable; plus de cinquante années s'étaient écoulées depuis lors. Nous croirions, plutôt, que ce professeur était Jean Roaldès, appartenant à la même famille, originaire, comme tous les autres, de Marcillac en Rouergue, et qui fut reçu docteur, *utriusque juris*, dans notre Université, le 11 août 1579, comme le constate le diplôme original que, il y a peu de temps encore, nous avions en nos mains; le même qui, suivant un acte de nos archives municipales, que nous aurons occasion de citer plus tard, était second consul, en 1642, de la ville de Cahors.

Report..........................	900
M. Lefranc, docteur-régent de droit civil (1)......	400
M. Dolive, docteur-régent de droit canon (2).....	400
M. Saumiers, docteur-régent institutaire (3).......	300
Les Pères Jésuites, pour leur Collége............	800
Aux mêmes, pour la pension spéciale de la ville.	200
Aux régents Abécédaires.........................	195
En tout......	3,195¹

Le troisième chapitre regarde les affaires extraordinaires et particulières de la Commune.

(1) Cet Antoine Lefranc ne fut pas le seul professeur de ce nom qu'eût la faculté de droit de notre Université. A la fin du 17ᵉ siècle, Jean Lefranc, sʳ de Caïx, en était le doyen, et on lui délivrait des armoiries représentant un guerrier franc : *d'azur à un cavalier armé d'argent*. Les autres membres de la même famille entrèrent, dès sa création, dans la Cour des Aides. Guillaume était l'un des présidents de l'organisation, en **1642** ; en **1687**, Jacques était conseiller... De cette maison sont sortis les Lefranc de Pompignan.

(2) M. Dolive, originaire du Quercy, était, sans doute, le parent du conseiller au parlement de Toulouse qui, seize ans plus tard, en **1638**, publiait ses questions notables du droit, dédiées par lui au prince de Condé, alors lieutenant-général pour le roi, en ses armées et provinces de Guyenne, Languedoc, etc., etc.

(3) Il est à remarquer qu'il n'est parlé dans ces gages, ni de la faculté de théologie, dont les quatre chaires étaient occupées par des religieux, pris dans les ordres mendiants, par conséquent non salariés, ni de la faculté de médecine. Un arrêt du parlement, du 16 juin **1657**, condamnant les Consuls à bâtir et édifier des écoles pour les cours de cette faculté, il est à présumer, aucune allocation ne se trouvant d'ailleurs au compte, qu'en ce moment il n'y avait pas de professeurs en exercice. Conjecture que fortifient encore les démarches faites, cette année, pour se procurer de bons médecins, durant les terribles épidémies qui sévissaient à cette époque.

Le coût des très-nombreux articles qu'il comprend est de 5,309 liv. 10 sols 10 den.

Port de lettres touchant les rebelles.

Bûchers pour les corps-de-garde, moitié *chêne*, moitié *noyer*.

Lanternes et fallots pour Labarre et Valentré.

Argent accordé aux soldats venus du siége de Bruniquel. (1)

Poudre pour les salves d'artillerie, lors de l'entrée du duc d'Angoulême et celle du maréchal de Thémines.

7 liv. 7 sols pour aller exprès porter, de la part des Consuls, une lettre à M. Maynard, docteur en médecine de la ville de Tulle, afin d'obtenir qu'il se changeât en ville, à raison des grandes maladies qui la désolaient.

Deux quarts d'écu à un porteur d'Auch, pour porter une autre lettre au père Lisani, le priant de faire retourner M. Bidon, médecin, et le faire, aux mêmes causes, changer à *Caors*.

On envoie Saux, substitut du greffier, porter trois pistoles d'or, valant 22 livres 2 sols, à M. Molenié, médecin de Gordon, tant pour lui payer les soins donnés par lui dans la ville, pendant les maladies, que pour l'engager à revenir, en cas de besoin.

---

(1) La ville y avait envoyé une compagnie.

Charrois de munitions de guerre envoyées au siége de Bruniquel, sur l'ordre du maréchal de Thémines; — au s^r de Pibrac, à Duravel.

Frais de recrutement de soldats, au capitaine Jérôme d'Espédaillac.

Réparation aux mousquets, aux coulœuvrines, aux canons; — fabrication de corselets et cuirasses.

Achat de plomb, balles, poudre, mêches et charbon, pour garnir l'arsenal (1) ou prêter aux villes voisines. (2)

16 sols pour une corde qui, de la cloche de la chapelle de Notre-Dame du Pont-Vieux, allait à la tour neuve de ce pont; donnés aux messagers du sieur de Galhac, annonçant la rébellion de Cajarc.

Gages extraordinaires aux sergents, pour le surcroît de travail occasionné par la guerre.

Frais pour ramener les gros canons laissés par le roi, l'année précédente, à Moissac. (3)

Dépenses pour le passage du prince de Joinville, chevaux, nourriture d'hommes, d'armes, provisions, *objets qu'ils emportèrent*, etc., etc.

---

(1) 1 quintal 4 livres — 15^l 12^s.
(2) Molières.
(3) Le foin : 15 sols le quintal.

Payé à Antoine Courtois, vieux, 40 sols pour une canne de *cordelat* noir, qui fut pris dans sa boutique, pour couvrir le tambour lors des funérailles du feu s^r de Lavardin, qui mourut au logis, des suites d'une blessure reçue au siége de St-Antonin.

Entretien des capitaines, lieutenants, sergents et soldats de la compagnie que la Ville fut contrainte d'envoyer en garnison à St-Antonin, suivant le commandement de Nos Seigneurs le duc de Vendôme et le maréchal de Thémines (288 liv.). En outre, 100 liv. de plus au capitaine Benoît. Solde des soldats de la garnison, 1,138 livres 8 sols. De quinze soldats étrangers, amenés par le capitaine Pons, de Montcuq, 471 liv. 12 sols.

A M. Domergue, avocat, du Pont-Vieux, 35 livres, pour être resté trois mois et demi à la porte du Pont-Vieux, pour veiller, avec les soldats, à la conservation de la Ville.

A Jacques Graniou, 75 livres 10 sols, pour dix mois et demi qu'il fit sentinelle à la porte de Labarre.

Au tambour, 16 livres, pour avoir sonné la garde par toute la ville, soir et matin, pendant les mois de mars, avril mai et juin.

22 sols pour porter à M. de Lafayette, premier capitaine du régiment de Matignon, une lettre l'avertissant du siége de Lobéjac.

A Pujol, marchand apothicaire, deux quarts d'écu pour

deux flambeaux de cire jaune, avec lesquels on alluma le feu de joie devant la Maison-de-Ville.

Plus, la même somme pour une grosse pipe destinée au même feu.

Plus 21 livres de poudre, ayant le même objet. [1]

18 livres de *cordelat* noir, pour habiller les pauvres, au service funèbre, que la Ville fit célébrer pour M. Caussade, consul, mort à Béziers, où il avait été député avec M. de Farjanel, premier consul, pour les affaires publiques; en outre, 39 livres pour la sonnerie des cloches de la grande Église, de St-Maurice, des Carmes et douze flambeaux.

48 livres à Jean Pons, exécuteur de la haute justice, et à deux de ses serviteurs, pour avoir, pendant huit mois, nettoyé la ville, à cause des grandes maladies qui y règnent; plus pour le louage d'un cheval et de deux ânes, avec *bast et banastes*, qui leur servaient à cet usage, 28 liv.

18 liv. accordées à M. de Cavalier, procureur du roi au pariage, pour subvenir aux frais de l'enterrement de M. Jean de Cavalier, avocat, son fils, décédé en septembre.

24 livres pour quatorze journées de chevaux.

La chandelle coûte 5 sols la livre. — On en paie à une seule *mangonnière* pour 476 livres, prises, tout le long de l'année, par les consuls, les sergents, les corps-de-garde, etc.

[1] **12** sols la liv

Enfin, des gratifications extraordinaires sont accordées à tous les officiers et agents de la commune, syndic, greffier, substituts de greffier, clercs de la Maison-de-Ville, procureur, sergent-trompette, sergent-tambour, sergents simples, etc., etc., à raison du surcroît de travail que la guerre a occasionné.

Après ce long chapitre, en vient un dernier se soldant pour 1,788 livres 18 sols 7 deniers. Il concerne, exclusivement, la dépense faite pour les soldats blessés aux sièges de Négrepelisse et St-Antonin, et envoyés par le roi à Cahors, où ils arrivèrent le 19 juin.

Je remarque, parmi les articles de dépense de ces malheureux, placés — au Jeu-de-Paume du sieur Dablanc, au faubourg St-Georges, à l'Hôpital, à Labarre et à St-Mary, — à cause de l'infection et des grandes chaleurs :

« 72 livres données au chirurgien de l'armée royale, son aide et l'aumônier qui avaient accompagné les malades et retournèrent au camp;

« 450 livres aux chirurgiens de la ville, chargés, tous ensemble, du service médical. — 27 liv. par mois, quand il n'y en eut qu'un;

« 36 livres pour les visites de M. Du Rieu, docteur en médecine;

« 76 liv. de lard, [1] 9 livres 10 sols ; dix-sept faix de paille, 55 sols;

(1) A raison de six blancs la livre.

« Trois pipes de vin, 60 livres. (1) Une demi-douzaine d'oiseaux, douze pains et fruits, 10 sols 6 den. (2)

« 7 liv. au frère Dupuy, religieux Ermite, pour les soins qu'il fut prié de donner aux blessés du Jeu-de-Paume, — où ils firent du dommage, payé à M. Dablanc, d^r et av., 60 liv. »

Dépense totale : 17,381 liv. 4 sols 11 den. qui, ajoutés aux 12,788 liv. 4 sols 7 den. du premier compte, font plus de 30,000 liv. Somme bien supérieure à celle de toutes les recettes réunies, et qui constitue un déficit qu'on comble, sans doute, avec le produit des emprunts qui, dès cette époque, s'introduisent, comme dans toutes les administrations publiques, dans celle de notre commune, et y furent admis avec une faveur telle, que, en 1788, les intérêts des sommes dues aux maisons religieuses, aux hôpitaux ou aux particuliers, absorbaient la plus grande partie de ses revenus. (3)

---

(1) 10 liv. la barrique.
(2) Ceux qui vivaient en ville, 5 sols par jour.
  Gages d'un infirmier-cuisinier, 10 sols par jour.
(3) L'avant-dernier budget de la ville de Cahors, sous l'ancienne monarchie, celui de 1788, dépasse 50,000 livres.
Au chapitre des dépenses, nous remarquons les objets suivants :

Chap. 2e. Intérêt au denier 50, des dettes communales	1,606
A Mgr l'Évêque (l'ancienne rente du 14e siècle)	100
Pour le *castor* de Mgr l'Évêque (une innovation)	60
Rentes dues aux couvents ou hôpitaux	3,297
Frères des écoles chrétiennes	614
Ingénieur de la province	200
Boueurs, bail	200
Enfants trouvés et abandonnés	1,600

Le compte de 1687, beaucoup plus restreint que celui qui fait l'objet de l'analyse précédente, ne présente, pour les dépenses, rien de très-remarquable. [1]

Ce sont toujours les mêmes causes et à peu près les mêmes chiffres. Nous n'en donnerons que de courts extraits.

Les Consuls n'étant plus que quatre, il n'y a que quatre robes à acheter. On donne 100 liv. à chacun pour cet objet.

Mais, en outre, on leur accorde 3 livres pour les dragées qu'ils distribueront aux écoliers qui viendront les féliciter, en vers, — *latins sans doute*, — sur leur élection ; 30 liv.

        Chandelles des lanternes...................... **2,100**
        Entretien des lanternes...................... 200
        Gratification au maire, 200; aux quatre consuls, 630.
        Gages du syndic, 100; du secrétaire, 200; du chef des soldats du guet, 150; du trompette, 160; de dix-huit soldats du guet, 2,160; habits ou étrennes aux mêmes, 716.

Le Maire était, alors, M. le comte de Durefort-Léobard, nommé, le 26 juillet 1787, en remplacement de M. Leblanc de St-Fleurien ; MM. Lezeret de Lamaurinie et Tournié, avocat, étaient 1er et 2e Consuls ; Aymon et Valette, 3e et 4e.

[1] En 1669, Colbert se fit remettre l'état général des dépenses et des revenus des communes, avec les baux des dix dernières années et les comptes-rendus des administrateurs. En 1671, il obligea les provinces d'éteindre les dettes des communes rurales. Puis, il interdit les aliénations, absolument ; les emprunts, presque, tant les exceptions étaient rares et les conditions rigoureuses ; fit soumettre l'état des dépenses communales aux intendants et au conseil du roi, qui, seuls, purent autoriser définitivement, sur le vote de l'assemblée générale des habitants, les impôts extraordinaires. (Avril 1683. H. M. 13. 57.)

à chacun pour la taille à laquelle ils sont soumis par les édits royaux ; 12 livres 10 sols pour la chandelle, et 15 livres pour les flambeaux ordinaires ; en tout, et sans compter les galas, festins ou collations des grandes et petites solennités, 630 livres. (1)

(1) Ce qui ne les empêchait pas de recevoir de cruelles avanies. — Un seul fait, à propos des visites qui leur étaient imposées, montrera mieux que toutes les narrations et discussions quelconques ce qu'au 18e siècle était devenue la puissance consulaire. Ce fait est consigné dans un bel et bon procès-verbal qui doit être cité en entier, malgré sa longueur. Comme étude de mœurs, il en vaut la peine :

« L'an mil sept cent sept et le second jour du mois de janvier, nous,
» Henri-Victor Baudus, consul de la ville de Caors, ayant esté le jour
» d'hyer éleu second consul de ladite ville, nous aurions esté à l'évêché
» prester le serment accoustumé entre les mains de Monseigneur l'Évê-
» que, baron et comte de Caors, et ensuite aurions esté luy randre la
» première visite en ladite qualité de nouveau consul ; après quoy ayant
» esté averty que Monsieur le premier président de la cour des Aydes
» de Montauban estoit en ville, et que suivant l'usage et arrest du con-
» seil de mil six cent soixante-quatre, la première visite, après celle
» dudit seigneur Évêque estoit deue audit seigneur premier président,
» nous aurions mandé chez luy, à cause qu'il estoit huit heures du
» soir, un valet de ville pour savoir s'il seroit dans la volonté de rece-
» voir nostre visite ce soir ou le lendemain matin, et nous ayant fait
» savoir que nous n'avions qu'à venir, nous nous serions transporté
» à sa maison, revestu de nostre livrée consulaire, accompanié de
» MM. Raffi, Carles et Delbru, assesseurs de l'Hôtel-de-Ville, et Demos-
» nier, procureur du roy de ladite ville, et d'abord après avoir randu
» nostre visite audit seigneur premier président, nous aurions envoyé
» pareillement un valet de ville nommé Aurière chez Monsieur le comte
» de Saint-Alvère, sénéchal du Quercy, pour savoir avec lui s'il vou-
» droit bien recevoir présentement la visite que nous lui devions en
» qualité de nouveau consul, ou la renvoyer au landemain, lequel
» Aurière, valet de ville, nous auroit raporté avoir parlé audit seigneur
» de Saint-Alvère, lequel lui auroit dit, pour toute réponse, qu'il vou-
» loit souper et n'étoit point déterminé s'il recevroit la visite ce soir ou
» le landemain ; ce qui nous auroit obligés d'attendre au landemain .

Les huit Sergents n'ont, désormais, que des *manteaux* et *juste-corps* du prix de 15 livres pour chacun d'eux, et, à part quelques légères gratifications en dehors de ces salaires, leurs gages sont de trois livres par mois, pour le *trompette* et les quatre *porte-épées* ; les trois autres n'ont que 50 sols. On leur passe, d'ailleurs, à eux tous ensemble, 192 livres de chandelle, valant 5 sols la livre, pour la *fermure* des portes.

» jusques à huit heures du matin, que nous nous serions transportés,
» revestus de nostre livrée consulaire, précédé par les valetz de ville,
» et accompanié de Mʳˢ Pujol, Raffy et Delbru, assesseurs de l'Hôtel-de-
» Ville et dudit Mosnier, procureur du roi, de Pierre Cammas, secré-
» taire dudit Hôtel-de-Ville, et estant montés au bout de l'escalier de
» l'Archidiaconat où estoit ledit seigneur de Saint-Alvère, nous aurions
» rencontré un laquais auquel nous aurions dit d'aller avertir ledit
» seigneur de Saint-Alvère que nous estions là, en livrée consulaire,
» pour lui rendre nostre visite; ledit laquais, apprès un demy quart d'heure
» de temps, seroit venu nous dire que ledit seigneur de Saint-Alvère
» n'estoit pas encore levé, auquel laquais nous répondîmes que nous
» attendrions qu'il fût levé, et pour c'est effet nous entrâmes dans la
» sale où nous atandîmes un gros quart d'heure de temps, au bout
» duquel un autre laquais vint nous dire qu'est-ce que nous deman-
» dions, et luy ayant dit qu'il y avoit plus d'un quart d'heure que nous
» atandions Monsieur le Sénéchal pour luy randre visite, il nous auroit
» répondu qu'il alloit voir s'il estait dans son apartement, et, peu de
» temps après, il revint pour nous dire qu'il estoit sorty; et connois-
» sant bien qu'il ne vouloit pas de nostre visite et qu'il nous faisoit un
» affront sanglant de nous avoir fait faire le pié de grue si longtemps,
» revestu de nostre livrée consulaire, pour apprès refuser nostre visite
» nous nous serions retirés ayant chargé ledit laquais de dire que nous
» avions esté là avec nostre livrée consulaire pour lui randre visite
» de quoy et de tout ce dessus avons dressé le présent verbail que nous
» avons signé avec lesdits sieurs assesseurs, procureur du roi et se-
» crétaire de ladite ville et dudit Aurière, les an et jour susdits.
   » Baudus, consul ; Pujol, assesseur; Raffy, assesseur ; Delbru,
      » assesseur; Demosnier, procureur du roy de la ville et du
      » pariage et scindic de ladite ville ; Cammas, secrétaire ;
   » Aurière. »

Un *concierge* de l'Hôtel-de-Ville, agent qui paraît pour la première fois, a 12 livres par an. L'imprimeur ordinaire, le sieur Bonnet, un peu moins, 10 livres; le paveur, — autre innovation, — a la même somme, 10 livres; mais le secrétaire est considérablement augmenté : il a 130 livres.

Les flambeaux des processions ordinaires, (1) les trente-quatre cierges de cire jaune et armoriés, donnés, le Jeudi saint, à chacune des églises ; les six cierges de cire blanche donnés, suivant les vœux de la ville, le jour de S^t. Barnabé, à la chapelle de Notre-Dame-du-Pont-Vieux ; le jour de S^t. Roch, à l'église St-Urcisse, ainsi que la roue de bougie

---

(1) Voici l'indication des processions générales qui, jusqu'à la révolution, avaient lieu dans la ville de Cahors.
Le 20 janvier, *jour des SS. Fabien et Sébastien*. — Procession à l'église Notre-Dame des Soubiroux — *(Beatæ Mariæ de Superioribus)* — d'après le vœu de la commune.
Le 8 février. — Procession générale, avec le S. Suaire, à la chapelle Notre-Dame-du-Pont-Vieux, en action de grâce, pour la délivrance de la ville qui, des mains des hérétiques, fut rendue aux catholiques.
Le 25 mars, *jour de l'Annonciation*.—Procession à la même chapelle
Le 11 juin, *jour de S. Barnabé*. — Encore à la même chapelle.
Le 25 juillet, *jour de S. Jacques*. — Procession à l'église S. Jacques.
Le 30 juillet, *jour de S. Abdon*.—Procession générale avec le S. Suaire à la chapelle de Notre-Dame-du-Pont-Vieux.
Le 12 août, *jour de Ste Claire*.—Procession à l'église du monastère de Ste Claire.
Le 15 août.—Procession générale, pour accomplir le vœu de Louis XIII, après vêpres, dans l'Église Cathédrale, avec le S. Suaire.
Le 16 août, *en l'honneur de S. Roch*, procession à l'église St-Urcisse.
En juin.—Procession de toutes les paroisses, avec le S. Sacrement, pour la fête Dieu.
(Ordo dioces. cadurc. 1751.)

blanche que, le jour et fête de S‛. Jacques, apôtre, on porte à la procession, coûtent, en bloc, **81** livres **10** sols; de plus, cette année, 3 livres 12 sols sont dépensés pour quatre flambeaux de cire jaune, employés à la procession faite à l'église des pères Augustins par le Chapitre, lors de la fête de Ste Innocente, les Consuls portant le poêle, sous lequel étaient les reliques de la Sainte.

Les honoraires des prêtres, des châpelains, des prédicateurs n'ont pas changé; mais on offre à celui du Carême un saumon, *en l'honneur de la ville*. La dépense faite à cette occasion figure au compte, pour 15 liv., que les taxateurs ont réduit à 11 liv.

Ce premier chapitre ne se porte qu'à **2434** liv. **3** s.

Les autres concernent les frais de voyage à Montauban, Bordeaux, Toulouse, pour aller suivant la coutume de *tout temps observée*, rendre les *devoirs et respects de la ville* à Mgr. l'Intendant, (1) à Mgr. le Gouverneur, à Mgr. le premier

---

(1) Les intendants, créés par Richelieu, supprimés pendant la Fronde et rétablis dès 1653, étaient le grand ressort du pouvoir ministériel. Ils étaient choisis parmi les maîtres des requêtes, quelques-uns parmi les conseillers d'état. (H. Martin. H^{re} de France. 13 vol., not., p. 52). Mais Colbert, lui-même, ne pouvait, malgré le cas qu'il faisait de cette institution, dissimuler la part principale que ces nouveaux agents du gouvernement prenaient en toutes les exactions financières, et, *dans son testament politique*, il recommandait au Roi de modérer le zèle exagéré avec lequel, déterminés par l'envie de lui faire leur cour, ils outraient toutes choses, et, pour augmenter ses revenus et parfois les leurs, ne reculaient devant aucune vexation envers le peuple. (P. 371-372. Ed. de 1694. Lahaye).

Président du Parlement, à Mgr. le Président de la Cour des Aydes, indépendamment de Mgr. l'Évêque et de Mgr. le Sénéchal, (1) qu'on avait visités à Cahors, ou pour traiter quelque affaire communale, par exemple la cession par les officiers de la Cour des Aydes, transférée à Montauban, de leur ancien Palais de Cahors; afin d'y établir l'Hôtel-de-Ville, l'ancien étant inhabitable, à cause de l'incendie qui en a consumé la majeure partie. (2)

(1) Le dernier sénéchal du Quercy fut le marquis Adhémar de Lostanges.

Il fit son entrée à Cahors et prêta serment, le 14 mars 1789, en l'Hôtel-de-Ville.

Le procès-verbal porte, en tête, sa signature, puis, celle du Maire et des quatre Consuls. Immédiatement après celles des personnes de distinction qui l'accompagnaient, dans l'ordre suivant : l'abbé de Lostanges ; le duc de Biron ; Peyre, juge mage ; Lavalette-Parisot ; Floirac ; Desplas, capitaine ; Labondie ; Larochelambert ; Larnagol ; de Fouilhac-Mordesson ; le comte de Laroque-Bouillac ; de Gauléjac ; Lassagne ; de Linars ; de Gauléjac ; Regourd de Vaxis ; le chev. de Corn ; Moustoulac ; Caors de Lasarladie ; d'Héliot ; de Cardaillac ; Montlézun ; Gransault-Fontenille ; le chev. de Lapanouze ; le chev. de Gaulejac ; le chev. des Junies ; le chev. de Belcastel ; de Chambaud ; Desplas, garde du corps.

(Arch. munic.)   Sallèles, secrétaire.

(2) La Cour des Aydes ayant été établie à Cahors, en 1642, les Consuls de l'année, MM. Gabriel Dufour, Jean de Roaldès, Jacques de Bismes, Antoine Lezeret, Jean Izarn, G. Bergon, et Arn. Pélissier, achetèrent, au nom de la ville et au prix de 7,000[1] la maison de noble Ant. d'Issaly, confrontant d'une part avec rue allant de la place au Portail-Garrel, d'autre avec maison du s^r Dufour, et la remirent, le 24 décembre, aux magistrats composant le tribunal suprême, *pour leur servir à l'exercice de la justice et non autrement.* Depuis lors, cet édifice et une autre maison joignant, qu'ils avaient acquise directement, servirent à cette destination, jusqu'à leur translation à Montauban ; en 1662, vingt-cinq ans après, le feu s'étant mis à l'Hôtel-de-Ville et en ayant consumé la majeure partie et rendue l'autre inhabitable, la Commune, qui ne pouvait, d'ailleurs, *réparer ces ruines,* demanda, pour y établir son hôtel municipal, ces deux maisons à la Cour des Aydes, la première, en vertu de la clause de

Parmi les quelques actes, bien parcimonieux, du reste, de charité publique, je trouve qu'on rembourse 9 liv. 10 s. au sieur Dazemar, prêtre, pour les frais de nourrice d'un enfant, dont la mère avait été enfermée au Refuge, plus 5 liv. à une femme pour la nourriture d'un autre petit enfant exposé au devant de l'Hôtel-de-Ville. On donne 15 liv. pour acheter du bois aux pauvres de l'Hôpital général, qui en manquent. On fait aux Couvents mendiants, surtout aux Capucins, quelques aumônes de morue et d'huile.

Après cela, rien que nous n'ayons déjà vu, sauf 32 liv. 7 s. de chandelle ou de flambeau pris par les Consuls, *souvantes fois obligés de sortir, la nuit, afin d'empêcher des désordres commis par les soldats, en passage, chez les habitants.* (1)

---

retour, la deuxième, en compensation des jouissances qu'on avait indûment gardées depuis plus de vingt ans. Le 23 juin 1687, un arrêt de la Cour autorisa ce délaissement ; l'acte en fut consenti, le jour-même, à Montauban, par MM. Lefranc et d'Hautesserre, l'un conseiller et l'autre procureur général de cette compagnie, à M. Jacques de Courtois, avocat et consul de Cahors, assisté de Me de Merlin. Le lendemain, l'intendant, M. de la Berchère, approuva le contrat et en ordonna l'exécution.

(1) Le logement et la subsistance des militaires de passage étaient l'une des plus grandes charges des populations urbaines ; aussi, chacun essayait-il de s'y soustraire. A Cahors, la règle était que toutes personnes, tant ecclésiastiques qu'autres privilégiés devaient, à proportion de leur taille sur les biens roturiers, contribuer aux impositions établies dans cet objet. En 1641, le 28 mars, Me Ant. Lefranc, professeur en l'Université, au nom des privilégiés, demanda aux officiers de l'Élection de casser un billet de logement, donné à Me F. de Vernonis, lieutenant du juge ordinaire, sous prétexte que tous les *magistrats* étaient exempts. Les Élus, *abusant de l'autorité de leur charge et pour se faire un préjugé dans leur propre cause,* cassèrent, en effet, ce billet, avec défense de récidiver. Les Consuls se pourvurent contre leur décision et, le 14 août

Enfin, les gens de guerre, en quartier d'hyver, notamment partie du régiment d'infanterie de Soubise, depuis 1686, fort de huit compagnies et de l'état-major, occasionnent une dépense de 7,595 liv. 7 s.

Néanmoins, toutes les dépenses blottées ne dépassent pas 11,615 liv. 8 s. 3 d. — Et comme les recettes s'élèvent à 11,727 liv. 10 s., il reste encore un boni de 112 l. 1 s. 9 d.

A quelle cause attribuer cet équilibre anormal? (1) On ne le sait. Peut-être à l'influence de l'homme qui avait dirigé si énergiquement les finances du royaume; — influence qui, malgré sa mort, durait encore. (2)

Quoiqu'il en soit, l'ordre est ramené là comme partout; sauf à dérailler de nouveau et à revenir bientôt aux déficits, aux expédients, aux emprunts, aux rentes, aux usuriers et

---

1641, il intervint un arrêt du Conseil d'État, qui, annulant la sentence, maintenait l'ancien usage. Il fut déterminé par cette considération de la requête que... « ... *s'il fallait avoir égard aux priviléges ou exemptions prétendus, il y aurait impossibilité de subvenir aux nécessités..., à cause que la ville est composée de plusieurs couvents et maisons religieuses, personnes ecclésiastiques, magistrats, présidiaux, docteurs-régents de l'Université en toutes facultés, et officiers de l'Élection, le surplus consistant en un petit nombre d'avocats, bourgeois, marchands, avec quantité de pauvres artisans, vignerons, et gens qui mendient leur vie.* »

(1) Nous avons d'autant plus lieu d'en être surpris que, vers 1671, la ville devait, suivant un arrêt de vérification du Conseil d'État, près de 89,000 l, dont plus de 38,000 à des corporations religieuses (Ms : com.). Comment avait-on comblé ce déficit immense? Nous ne savons le comprendre; et si le compte, que nous examinons, n'était parfaitement intact, nous supposerions des lacunes, des chapitres *supplémentaires, complémentaires*, etc., mais il est bien entier, et rien de semblable ne s'y trouve.

(2) Colbert.

à compromettre, irrévocablement, l'avenir de ses arrière-neveux, si, par aventure, quelque révolution sociale ne les sauve pas d'une ruine complète, par la banqueroute, le tiers consolidé ou quelque moyen d'une égale valeur…

Mais c'est assez sur ce sujet….. En analysant ces vieux comptes de nos pères, je n'ai pas eu la prétention d'y chercher, ni, surtout, d'en déduire le moindre enseignement économique. Je les ai étudiés, en simple curieux, — pour savoir, à peu près et dire aux autres, ce qui se faisait en ces temps déjà si loin de nous; quels étaient les us et coutumes de la Cité; comment on y vivait : quel était le prix des denrées, des matériaux, des vêtements, des salaires, des mains-d'œuvre; la valeur de l'argent; celle des marchandises; puis, et un peu aussi, ce qu'étaient les hommes publics, leurs occupations, parfois frivoles, le plus souvent sérieuses et singulièrement honorables.

Les trop longues citations qui précèdent, suffisent pour atteindre ce but; et je peux terminer cette étude, sans me livrer à des appréciations d'un autre ordre qui, difficiles peut-être, seraient, dans tous les cas, complètement inutiles.

(Extrait de l'*Annuaire du Lot* de 1859)

www.ingramcontent.com/pod-product-compliance
Lightning Source LLC
LaVergne TN
LVHW020040090426
835510LV00039B/1308